Zwischen Design und Sucht

MARIE-MADELEINE JAKOB

Zwischen Design und Sucht

Bibliografische Information der Deutschen Nationalbibliothek:
Die Deutsche Nationalbibliothek verzeichnet diese Publikation
in der Deutschen Nationalbibliografie; detaillierte bibliografische
Daten sind im Internet über http://dnb.dnb.de abrufbar.

© 2017 Marie-Madeleine Jakob
Satz, Umschlaggestaltung, Herstellung und Verlag:
BoD – Books on Demand

ISBN: 978-3-7448-7879-1

Inhalt

Die Geburt einer neuen Geschäftsidee

Mit 27 Jahren übernahm Wotan das Möbelgeschäft seines Vaters in der Berner Altstadt. Obwohl er äusserst erfolgreich eine Tapeziererlehre abgeschlossen hatte, natürlich mit dem Fernziel, das gutgehende Unternehmen des Vaters eines Tages weiterzuführen, kam diese Übernahme für ihn vorzeitig und unerwartet. Der Vater war eineinhalb Jahre früher an Prostatakrebs erkrankt. Mehrmals wurde er operiert. Nach dem letzten Eingriff waren die Ärzte nicht mehr zuversichtlich. Der Krebs hatte gestreut, Metastasen wurden festgestellt, für Wotans Vater bestand keine Überlebenschance. Anlässlich eines Besuches des Sohnes im Hospital fragte der Vater deshalb: »ist es wirklich deine feste Absicht, mein Geschäft zu übernehmen und weiterzuführen?«

»Ich fühle mich noch etwas jung«, antwortete Wotan, »aber ich habe meine Berufslehre ja mit grossem Interesse abgeschlossen im Hinblick darauf, dein Geschäft früher oder später zu übernehmen,«lieber Vater. Auf keinen Fall werde ich dich jetzt im Stich lassen.«

Sechs Monate später starb der geliebte Papa im Alter von nur 60 Jahren. Dieser für heutige Verhältnisse frühe Tod stürzte Wotan in eine tiefe Trauer. Sein Vater hatte ihm viel bedeutet. Seine Geradlinigkeit, seine Schlichterfähigkeiten, die bedingungslose Unbestechlichkeit und natürlich seine enorme Schaffenskraft und die nie erlahmende Freude an der Produktivität blieben stets Vorbild und bewunderungswürdig für den Sohn.

Die schnelle Übernahme des Einrichtungsunterneh-mens entsprach jedoch keineswegs den Zukunfts-wünschen Wotans. Bevor er vor einigen Jahren seine Ausbildung hatte antreten können, war ihm die uner-bittliche Realität des Zweiten Weltkrieges dazwischen gekommen. Bei Ausbruch dieser schlimmen Jahre war Wotan 16 Jahre alt gewesen. Zwei Jahre später hatte er die Rekrutenschule absolviert, ohne zu ahnen, dass das Militär für die nächsten vier Jahre sein Leben, seine nächste Zukunft und seinen Alltag als jungen Men-schen immer wieder bestimmen sollte. Mit 20 Jahren konnte Wotan dann endlich seine Tapeziererlehre be-ginnen. Er war ein williger und sehr begabter Lehrling. In der Gewerbeschule gehörte er zu den Besten, aber auch handwerklich war er überaus geschickt und zu-packend. Sein Lehrmeister schätzte seine genaue und sorgfältige Arbeitsweise. Auch Wotans freundliches, umgängliches Wesen sowie seine humorvolle Seite bereiteten dem Lehrmeister Freude, sodass er seinem Lehrling schon im ersten Lehrjahr aufwändige Tape-ziererarbeiten überliess und damit Wotans Selbständig-keit unterstützte. »Du wirst ein hervorragender Berufs-mann werden, Wotan«, hatte der Chef seinen Auszubil-denden immer wieder ermuntert. »Du bist zuverlässig und begabt, du kannst es weit bringen, wenn du nur willst.« Das bewirkte, dass sich Wotan wohl fühlte. Und nach seiner brillant abgeschlossenen Berufslehre hatten den jungen Mann grosse Pläne beflügelt.

Er wollte reisen, ferne Länder besuchen und entdecken, und er wollte nach Amerika fahren, mit dem Schiff.

Denn in Amerika lebte seit zwanzig Jahren seine verehrte Tante Anni, die Schwester seiner Mutter.

Den brieflichen Kontakt hatte diese unternehmungslustige Tante mit den Schweizer Angehörigen immer gepflegt, und immer über die Massen die Schönheiten und Sehenswürdigkeiten des gelobten Landes gepriesen. Als junger, noch ungebundener Mann war es nun Wotans grösster Wunsch, seine Tante, aber auch diesen faszinierenden Kontinent zu besuchen. Jäh wurden nun seine Absichten gestoppt. Er wollte und konnte seinen todkranken Vater nicht enttäuschen, was die Übernahme des kleinen, aber feinen Möbelgeschäftes betraf. Wotan stellte sofort seine persönlichen Wünsche zurück, vielleicht ahnend, dass das Leben ihm noch unzählige Reisewünsche erfüllen würde.

Ein offenbar weiser und vorausschauender Onkel Wotans, ein Notar, bestand darauf, dass dem jungen Geschäftsmann sofort das Elternhaus in der Berner Altstadt als Alleineigentümer überschrieben wurde. »Als Jungunternehmer kannst du es nur schaffen, wenn dir das ganze Altstadthaus gehört«, argumentierte der clevere Onkel. »Nur auf diese Weise wirst du, lieber Neffe, die Höhen und Tiefen des Geschäftsalltages auf längere Zeit meistern.« Wotan musste sich verschulden, um seine Geschwister auszuzahlen. Wie vorausblickend diese strenge Forderung des Onkels jedoch war, zeigte sich in all den kommenden Jahren immer wieder, Verschiedene Bankkredite retteten Wotan mehrmals vor einer akut drohenden Pleite.

Er war nun ein junger, gut ausgebildeter Tapezierer und ein Autodidakt.

Bald entdeckte er, dass in Skandinavien und natürlich in Italien jüngere Designer Möbel und Inneneinrichtungen schufen, die mit den soliden Gegenständen aus Holz, mit den dicken Polstern der bewährten Sessel und Sofas und den rustikalen Tischen und Stühlen nichts mehr gemein hatten. Wotan, nachhaltig beeinflusst durch die zwanziger Jahre mit dem »Bauhaus-Stil«, begeisterte sich für die Schlichtheit der klaren Formen und die edlen Materialien: Chromstahl, Leder, Granit und Marmor, aber auch für exotische Edelhölzer. Er begann, einzeln erworbene Möbel in seinem kleinen Schaufenster in der Berner Altstadt auszustellen, was verschiedene Betrachter offenbar als Verrat am Werk seines Vaters empfanden.

Sie beschmierten die Schaufenster mit Schimpftiraden. »Wotan, du bist ein Verräter, ein Nestbeschmutzer«, sprühten die kleinlichen spiessigen Gegner des neuen Stils mit Farbe auf die Schaufensterscheibe. Sogar als Nazi wurde er betitelt. Wotan säuberte die Scheiben und stellte unbeirrt immer mehr moderne Einzelstücke aus. Die Architekten begannen sich für sein Einrichtungshaus zu interessieren, und sehr bald schon hatte Wotan eine noch kleine, aber aufmerksame und kaufbereite Kundschaft.

Es geht weiter aufwärts

Inzwischen war Wotan auch Familienvater geworden. Und jetzt begann er zu reisen. Er wollte die Orte kennenlernen, wo diese neuen, jungen, formschönen, aber schlichten Möbel entstanden. Seine Reisen, hauptsächlich nach Italien, boten Wotan auch die Gelegenheit, die Designer kennenzulernen. Es entstanden zum Teil lebenslange Interessensverbindungen und Freundschaften. Wotan war so fasziniert von der neuen Richtung, die sein Kleinunternehmen eingeschlagen hatte, dass er seine ganze Kraft und sein vielschichtiges Können ins Geschäft steckte. Der Erfolg blieb nicht aus. Schon bald verkaufte er nicht nur einzelne Einrichtungsgegenstände, immer öfter kamen hauptsächlich Architekten, um sich Wohnräume, Büros, ja ganze Häuser von ihm planen und einrichten zu lassen.

Bald lernte Wotan auch jüngere Schweizer Designer und Einrichter kennen wie Robert Haussmann, Kurt Thut, Hans (Jöggu) Eichenberger. Mit Wotans neuen Geschäftsideen ging es so rapide aufwärts, dass der innovative junge Mann bald eine Filiale in der Genfer Altstadt eröffnete. Genf als internationale Stadt begeisterte ihn, er sprach als Berner auch ganz gut Französisch, und die Bedenken seiner Freunde und Berater, dass die Welschen doch nicht interessiert seien an Chromstahl, Leder und klaren, kühlen Formen und Ausführungen, bekümmerten ihn keineswegs. Gerade weil Genf so global bevölkert war, zum Beispiel mit dem Hauptsitz der UNO, würde sich dort mit Sicherheit eine Klientel finden. Er sollte recht behalten. Bis heute erfreut sich das Genfer Geschäft, schon sehr viele Jahre in Carouge ansässig, einer treuen internationalen Kundschaft.

Mit grosser und persönlicher Sorgfalt kümmerte sich Wotan um die Aufträge der Kunden in Bern und Genf. Das bedingte, dass er viel hin und her reiste, mit dem Auto selbstverständlich, die Eisenbahn war nicht sein Transportmittel.

Leidenschaftlich gern fuhr er Auto. Um noch schneller und auch sicherer zwischen den beiden Hauptstädten hin und her zu fahren, belegte er einige Kurse für Hobbyrennfahrer. Damals, in den Siebzigerjahren, gab es nur wenige Strassen und Geschwindigkeitskontrollen, man konnte sich auf vier Rädern ziemlich frei bewegen. Er kaufte sich einen Alpha Romeo mit bequemen Ledersitzen, fuhr ihn jahrelang und hatte seine Freude daran.

Das passte zu seiner grundsätzlichen Lebenseinstellung. Er wollte gerne gut leben, wie eigentlich jeder, aber reich werden, das interessierte ihn nicht. So war ihm sein Auto wichtig, aber ein noch schnelleres, neueres zu besitzen, kam ihm gar nicht in den Sinn, mehrere Fahrzeuge zu haben, schon gar nicht.

»Für was soll ich mir denn das Leben verkomplizieren mit mehreren Autos?«, besprach Wotan dieses Thema mit der Familie und mit Freunden.

»Da brauche ich eine Riesengarage, oder mehrere,

und fahren kann ich trotzdem immer nur mit einem Wagen.« Dazu kommt, dass die nicht benutzten Fahrzeuge trotzdem Pflege brauchen und gewartet werden wollen. Das ist mir zu aufwändig. Ich fahre lieber nur eine Karre, aber die geniesse ich, pflege sie und fühle mich darin zu Hause.«

Alle Argumente, wie erfrischend doch ein anderes, neueres und schnelleres Fahrzeug sein kann, belächelte Wotan milde. Er brauchte definitiv nur eines. In einem guten langjährigen Freund, ein Designer, Architekt und Innenarchitekt, hatte er einen stillen Befürworter seiner Argumente. Dieser fuhr jahrelang denselben Bentley, ein elegantes, komfortables Auto, nicht gerade schnell, aber bequem und gemütlich, man wollte gar nicht mehr aussteigen.

In Bern und in Genf beschäftigte Wotan nur wenige Mitarbeiter, aber diese waren ihm sehr wichtig. Er war überzeugt, dass jeder Angestellte bis zum Chauffeur und bis zur Putzfrau entscheidend sei für das Gelingen eines Unternehmens. Schon als junger Geschäftsmann bedachte Wotan jeden Mitarbeiter zu Weihnachten mit einem persönlichen Dankesschreiben.

Er war kein Mann grosser, ausschweifender Worte, aber er bedankte sich mit persönlichen, warmherzigen Sätzen wie zum Beispiel:

»Jedem Einzelnen von Ihnen möchte ich herzlich danken für den persönlichen Einsatz für unser Unternehmen. Danke auch für alle geleisteten Überstunden, ebenfalls für das Interesse am Gedeihen unserer

Firma. Und nicht zuletzt möchte ich gerne erwähnen, dass das Bemühen aller um ein positives Arbeitsklima mich immer wieder überrascht und an eine Familie mit einem guten Zusammenhalt denken lässt.«

Er übergab auch jedem eine angemessene Gratifika-tion, was zu dieser Zeit ziemlich unüblich war, denn der 13. Monatslohn war noch nicht eingeführt.

Feuchtfröhliche Vernissagen und weitere Geschäftsideen

Bald schon begann Wotan, bestärkt durch den Erfolg, den Wechsel der ausgestellten Modelle im Schaufenster und in den Etagen seines Altstadthauses mit Vernissagen zu feiern. Mit dem materiellen Erfolg der Geschäfte erwachte auch seine barocke, opulente Natur. Die Gäste bekamen Zugang zu allen Räumen, sogar der private Wohnbereich konnte besichtigt werden.

Das zu Beginn einzige Schaufenster des sehr schmalen, aber in die tiefer liegende Junkerngasse durchgehenden Hauses, bot keine grossartigen Möglichkeiten, neue Modelle wirkungsvoll auszustellen. Bald mietete er deshalb das Parterregeschoss des anliegenden Nachbarhauses, sodass die Schaufensterfläche entscheidend vergrössert werden konnte.

Erstaunlicherweise erteilte die städtische Denkmalschutzbehörde ohne Probleme die Erlaubnis, die dicke Brandmauer zwischen den beiden Sandsteingebäuden zu durchbrechen, um einen komfortablen direkten Durchgang zu realisieren.

Viele Jahre später mietete Wotan gegenüber dem Grundgeschäft in der Gasse Räume einer städtischen Liegenschaft, welche über zwei Etagen eine imposante Ausstellungsfläche boten.

Die Vernissagen wurden also immer wichtiger, aber auch grosszügiger. Zum guten Wein, nie hätte Wotan billigen Fuselwein aufgetischt, wurden nach den jeweiligen Themen der Ausstellung landestypische Gerichte serviert. Die Gäste konnten sich zudem an der Musik von ständig wechselnden Musikgruppen erfreuen. Später traten auch Kabarettisten und Alleinunterhalter auf, immer zur grossen Freude des Publikums. Gelegentlich sprach auch ein Redner über die Entstehung und die Fabrikation eines ausgestellten Programms.

Bald wurden diese Vernissagen zur Institution und brachten Wotan natürlich auch immer mehr Kunden und interessierte Personen.

Es kam allerdings auch vor, dass diese Anlässe ausarteten, jedoch nie dramatisch. Natürlich floss der Alkohol in grossen Mengen, zu später Stunde gab es dann auch Whisky und Cognac. Die Abende klangen immer in den Privaträumen Wotans, eine Etage über den Geschäftsräumen gelegen, aus. Bemerkenswert war die Tatsache, dass nie Zerstörungen durch den immensen Alkoholgenuss stattfanden. Weder lagen zerbrochene Gläser herum, noch wiesen die teuren Sofas, Sessel, Kommoden, Tische und Stühle Flecken auf. Eine erstaunliche Beobachtung, wenn man bedenkt, dass oft 50 und mehr Personen gleichzeitig anwesend waren in einem Wohnbereich von circa sechzig Quadratmetern, welche nebst dem Alkoholkonsum interessiert diskutierten und philosophierten.

Eine Ausnahme ereignete sich allerdings. Eine stadtbekannte, sehr begabte Künstlerin liess einen Vernissageabend mit vielen Besuchern in Feierlaune in Wotans Wohnung ausklingen.

Am nächsten Morgen fand die Hausherrin den Resonanzboden ihres kostbaren Instruments, eines kleinen Cembalos, fingerbreit gefüllt mit Rotwein vor. Die Künstlerin hatte, für jeden sichtbar, die meiste Zeit des Abends mit ihrem Weinglas in der Hand an diesem Instrument gelehnt und lebhaft mit den unterschiedlichsten Gästen diskutiert. Im Verlauf des Abends hatte sie, heimlich und geschickt, Glas um Glas in das leicht geöffnete Instrument gekippt.

Am nächsten Tag auf den entstandenen Schaden angesprochen erklärte die Malerin mit schwerer Zunge: »So ein empfindliches Holzinstrument braucht doch gewiss regelmässige Nahrung, um auch gut zu tönen. Also habe ich einen Abend lang für dieses Instrument nur das Beste getan, langsam, aber nachhaltig.«

Das Cembalo konnte für viel Geld repariert und wiederhergestellt werden. Weder Wotan noch die Hausherrin belangten die Künstlerin, denn bereits damals zerstörte sie sich systematisch selber mit Drogen und Alkohol, was langsam, aber unaufhaltsam zu ihrem frühen Tod führen sollte.

Wotan hegte neue Pläne. Er eröffnete in Bern und in Zürich je ein Geschäft für formschöne Alltagsgegenstände, Dekorationsmobiliar und edle Küchenutensilien. Später kam ein Verkaufslokal mit dem selben Angebot in Genf dazu. Die Siebziger- und frühen Achtzigerjahre verlangten geradezu nach solchen Spezialgeschäften mit einem breiten Angebot für Gebrauchsartikel und Gegenstände, welche formschön, witzig, oft in knalligen Farben, wie zum Beispiel orange, aus guten Materialien gefertigt und gleichzeitig erschwinglich waren. Diese Läden entsprachen dem Zeitgeist, sie liefen hervorragend und erfreuten sich einer zahlreichen Kundschaft. Alle Generationen konnten hier alles finden, was ein moderner Haushalt so brauchte, und, wie schon gesagt, das zu günstigen Preisen.

Während Wotans Kundschaft für die besonderen, erlesenen, aus den edelsten Zutaten bestehenden Designerstücke betucht sein musste, wurde in diesen Küchenläden für jedes Budget etwas angeboten.

Wotans berufliche Erfolge wurden von Jahr zu Jahr langsam, aber stetig, grösser. Dennoch plagten ihn regelmässig wirtschaftliche Sorgen und immer wieder waren seine Erfolge durch Rezessionen gefährdet. Und Wotan war ein Künstler, ein kreativer und immer suchender Entwerfer, dazu durch und durch ein Autodidakt. Als Geschäftsmann im ökonomischen Sinne sah er sich nie. Für Rücklagen zu sorgen, war seine Sache nicht.

Was ihm materiell zur Verfügung stand, investierte er sofort in seine geliebte Kunst, oder er verwirklichte

Projekte für die Geschäfte in Bern und Genf. Demzufolge stürzte ihn jede Rezession in arge wirtschaftliche Nöte. Denn seine schönen, optisch so perfekten Läden waren doch Kleinunternehmen. In schlaflosen Nächten suchte Wotan nach Möglichkeiten, um einem drohenden Konkurs seiner Betriebe zu entgehen. Allgemein gilt die Überzeugung: »Wenn die Sonne scheint, geben die Banken gerne einen Schirm. Beginnt es zu regnen, nehmen sie ihn wieder weg.« Das traf in Wotans Fall nicht zu. Immer wieder waren es wohlwollende, verständnisvolle Bankdirektoren, die sich dafür stark machten, dass er noch einen Überbrückungskredit erhielt. In Genf erklärte ein Direktor unumwunden: »Es kommt gar nicht infrage, dass dieses Geschäft nicht mehr existiert. Selbstverständlich erhält Wotan die notwendige Unterstützung durch unser Institut.« Diese heute nicht mehr denkbare grosszügige Haltung rettete mehrmals Wotans Existenz. Aber jene Herren glaubten an die einmalige Kreativität Wotans und an die Einzigartigkeit seiner Geschäfte. War die Rezession überstanden, stieg der wirtschaftliche Erfolg sehr schnell wieder an und die Sorgen um die Existenz waren hinfällig.

Wotans kompromissloser Einrichtungsstil verschaffte ihm immer grössere Aufträge. Er konnte Eingangshallen und ganze Abteilungen von Banken und Versicherungen von Grund auf neu planen und einrichten. Auch Hoteliers wünschten Zimmer umzugestalten und beauftragten Wotan damit.

»Was meinen Sie, Wotan, könnten Sie für unser Ho-
tel einen eleganten, modernen Nachtclub entwerfen?«,
fragte zum Beispiel ein bekannter Berner Hotelier anlässlich eines Restaurantbesuches mit einigen Freunden. »Sie haben nur ein kleines Pflichtenheft für alles,
was die praktischen Arbeitsabläufe betrifft. Darüber
hinaus sind Sie völlig frei. Lassen Sie ihre Kreativität
und Ihren Einfallsreichtum aktiv werden.«

»Das ist eine grossartige Herausforderung für mich,
was für eine Chance«, entgegnete Wotan. Er fühlte sich
überglücklich, ernstgenommen und als Inneneinrich-
ter anerkannt.

Mit Akribie, enormer Sorgfalt und dem komplet-
ten Ideenreichtum eines nun nicht mehr ganz jungen
Unternehmers machte sich Wotan an die Planung.
Unzählige Sitzungen und Treffen mit dem Bauherrn
sorgten dafür, dass ein Nachtclub Gestalt annahm,
welcher wunderbar designt eine herrliche nicht über-
ladene Wohlfühl-Atmosphäre bot.

Mit grossem exklusiven und interessierten Publikum
wurde er eingeweiht.

Und auch im Geschäft selbst lief es hervorragend.
Junge Menschen, die über kleinere Budgets verfüg-
ten, liessen sich durch die hohen Preise der Möbel
und Einrichtungsobjekte, die in den Geschäften angeboten wurden, keineswegs abschrecken. Sie kauften
vielleicht zuerst eine schöne Lampe oder einen einzelnen Stuhl, um dann später, wenn sie gut verdienten,
ihre Einrichtung zu komplettieren, um schön, modern,

konsequent, auch praktisch, aber eben besonders ein-
gerichtet zu sein.

Erfolg ohne Höhenflüge

Diese Erfolgswelle bescherte Wotan natürlich auch privat ein komfortables, beinahe sorgenfreies Leben. Er war voll im Leben als Gestalter, Künstler, Bonvivant und Geniesser angekommen. Er pflegte inspirierende Kontakte zu allen damals bekannten Designern der Schweiz und auch zu vielen Gestaltern aus dem Ausland. Hauptsächlich Italiens kreative Elite begeisterte ihn. Immer wieder wurde er eingeladen, diese interessanten Köpfe zu besuchen, mit ihnen halbe Nächte lang zu diskutieren, Ideen auszubrüten, und - das fehlte nie - mit ihnen zu philosophieren. Dass dabei die kulinarische Seite unseres südlichen Nachbarlandes nicht zu kurz kam, versteht sich von selbst!

Gelegentlich besuchten diese besonderen Menschen Wotan in seinem Berner Geschäft. Immer wieder äusserten sie sich darüber, wie klein, wenn nicht sogar unscheinbar, sich doch Wotans Unternehmen präsentierte. Das schmale Altstadthaus, die engen Treppenaufgänge, die zum Teil kleinen Räume, das einfache Planungsatelier, das wenig imposante Nähatelier, um grosse Vorhangaufträge zu verwirklichen, all das konnten die raumverwöhnten Italiener nicht fassen. Gelegentlich mokierten sie sich ein wenig, dass der grosse, stattliche Wotan in Puppenhausdimensionen wirkte und wohnte. »Hey, Wotan«, neckte der oberste Chef der bekannten italienischen Produktionsfirma , welche bis heute alle Le-Corbusier-Modelle, also Sofas,

Sessel und die berühmte »Corbusier Liege« fabriziert, den etwas genierten Wotan. »Lasse dir ausserhalb der Schweizer Hauptstadt ein modernes architektonisch imposantes Gebäude errichten mit grosszügig bemessenen Räumen, welche du dann nach deinen Wünschen, deinen Ideen und deinen Vorstellungen einrichten kannst.«

»Weisst du, Aldo, um keinen Preis würde ich mein nicht eben grosszügig bemessenes Altstadthaus gegen ein noch so grandioses, architektonisch sicher eindrücklicheres und nachhaltigeres Neugebäude eintauschen. Der Charme meiner Altstadtatmosphäre ist unersetzlich und unübertrefflich.« So konterte Wotan den gutgemeinten Vorschlag seines italienischen Lieferanten und Freundes.

Trotz der zunehmenden Arbeit und der wachsenden Verantwortung für seine Mitarbeiter pflegte Wotan den Ausgleich mit sportlichen Freizeitaktivitäten. Er liebte es, mit seiner Frau und mit Freunden zu segeln, und im Meer zu tauchen, und im Winter genoss er die Freizeit in den Bergen mit Ski fahren im Kreise seiner Familie.

Für Wotan eine ganz wichtige Sache waren auch die Begegnungen mit Künstlern, die ihn interessierten. Längst war er bekannt dafür, dass er jungen, brotlosen Künstlern ein Bild oder ein Kunstobjekt abkaufte. Etliche Künstler fanden auch Gefallen daran, einen schönen Teppich, eine kostbare Lampe oder ein einfaches, aber formschönes Bett zu kaufen und die er-

standene Ware dann mit einem Kunstgegenstand zu
bezahlen. Auf diese einfache Weise entstand Wotans
spätere Kunstsammlung.

Diese Art von Tauschhandel war auch immer eine
willkommene Gelegenheit für Wotan, mit den jeweiligen Künstlern auf den abgeschlossenen Handel an-
zustossen und kräftig zu feiern. Jene Nachmittage und
Abende endeten immer feuchtfröhlich, und es kam
vor, dass am folgenden Tag ebenso feucht und munter
weitergefeiert wurde. Für die selber berufstätige Ehefrau und für die noch nicht grossen Kinder bedeuteten
diese Feiern eine Herausforderung und waren ein ein-
ziger Balanceakt. Denn für berufstätige Menschen und
schulpflichtige Kinder heisst es, früh aufzustehen und
zu einer vernünftigen Zeit schlafen zu gehen. Wenn
dann frühmorgens nach einer durchzechten Nacht ein
oder zwei Künstler heftig schnarchend in wunderbaren Designerfauteuils hingen, musste das Familienle-
ben trotzdem weitergehen und funktionieren.

Einem bekannten schrulligen und witzigen Berner
Künstler gefiel es, die Geduld und die Gastfreund-
schaft Wotans und seiner Familie auszuloten. Er blieb
einfach zwei Tage und zwei Nächte und dann noch
einen dritten Tag. Er nahm unbefangen am Familientisch Platz, kommentierte die Tischmanieren der Kinder und diskutierte immer wieder angeregt mit Wotan
über Design, Kunst und Musik. Er goss Unmengen
Rotwein in seine Kehle, aber nie hatte seine Umgebung
den Eindruck, dass er betrunken wäre. Er diskutierte

mit klaren, intelligenten Sätzen. Zwischendurch sah man ihn einige Gläser Wasser trinken und er erholte sich offenbar mit unzähligen Ristrettos tagsüber und auch nachts. Er sass, wie gesagt, am Familientisch, jedoch essen war seine Sache nicht. Von den aufgetragenen Speisen rührte er während der drei Tage kaum etwas an. Er lebte tatsächlich von flüssiger Nahrung.

Nach dem dritten Tag wurde es Wotan dann doch zu viel. Aber nie hätte er diesen begabten, skurrilen und überaus liebenswerten Künstler einfach hinauskomplimentiert. Nach dem Abendessen, die Kinder verabschiedeten sich gerade höflich, um schlafen zu gehen, schlug Wotan vor, einen Cognac zur Verdauung in einer nahe gelegenen Bar zu trinken. Der Künstler war einverstanden und so verliessen die beiden Männer am dritten Abend die Wotansche Wohnung.

In der Bar bestellte Wotan die hochprozentigen Getränke, bezahlte sogleich, und als der Langzeitgast angeregt mit einem Sitznachbar diskutierte, schlich er sich heimlich und erleichtert davon. Das mag vielleicht nicht die eleganteste Lösung gewesen sein, diesen eigentlich interessanten Gast loszuwerden, aber das Problem war gelöst, ohne dass Wotan oder seine Familie unhöflich sein mussten.

Erstaunlich und bemerkenswert war, dass alle diese Künstlerbegegnungen in Wotans Haus mit unglaublichen Alkoholmengen gefeiert wurden, jedoch nie jemand wirklich besoffen war, oder zumindest wirkte niemand so, und dass bei allen diesen Begegnungen lebhaft, intensiv, kreativ und interessiert über alles Künstlerische, über mögliche Verarbeitungen von Materialien, über neue Projekte und über unzählige Ideen diskutiert, verhandelt und philosophiert wurde. Dass diese Gespräche öfters eine ganze Nacht dauerten, war naheliegend und keineswegs überraschend.

Wotan und die Künstler

In diesen Jahren gelang es Wotan, eine persönlich geprägte und erstaunlich vielfältige Kunstsammlung aufzubauen. Wobei das nie Wotans Absicht gewesen war, das hatte sich einfach durch alle diese Begegnungen ergeben. Wotan war auch besonders stolz darauf, dass er zu jedem Bild, zu jeder Skulptur oder Plastik eine persönlich erlebte Geschichte erzählen konnte. Er hat nicht einfach Kunst gekauft oder gesammelt, weil er das notwendige Geld hatte, vielmehr gelangte er in den Besitz der meisten Werke durch einen intensiven Kontakt mit den verschiedenen Künstlern, der sich über die Jahre vertiefte.

Nach wie vor liebte es Wotan, diese Künstlerfreunde mit irgendwelchen Möbeln, Teppichen, Lampen oder anderen Einrichtungsgegenständen auszustatten, um sich dann mit Hochgenuss in deren Ateliers oder Werkstätten ein früheres oder neues Werk auszusuchen.

Seit längerer Zeit schon waren in Wotans Lebensräumen keine Wände mehr frei, um noch Bilder aufzuhängen. Das konnte ihn jedoch keineswegs abschrecken. Viele Werke brachte er in den Ausstellungsräumen der verschiedenen Geschäfte einem interessierten Publikum näher. Was keinen Platz mehr fand, wurde archiviert und mit grosser Sorgfalt in einem speziellen Lager untergebracht.

Wotan war so fasziniert von seiner Arbeit, dass er wie ein Besessener vorwärts ging, er interessierte sich für alles, was mit Design, Architektur und moderner Kunst zu tun hatte. Ende der Sechzigerjahre gründeten interessierte Designer, Innenarchitekten und Architekten das Label »Swiss Design«. Die ins Programm aufgenommenen Modelle wurden ausschliesslich bei Schweizer Firmen hergestellt. So entstanden zum Beispiel bei der kreativen Schreinerei Röthlisberger in Gümligen Tische, Schränke und Kommoden aus herrlichen Materialien, die so perfekt gebaut waren, dass sie auch bei täglichem Gebrauch ohne Probleme zwei, drei Generationen in allerbestem Zustand bleiben. Manche Sessel und Sofas, angefertigt bei anderen Firmen, werden heute noch hergestellt und verkauft. Es handelt sich um moderne, nach schlichten, gut proportionierten Entwürfen hergestellte Einrichtungsstücke, die aus schönen, edlen Materialien hergestellt bis heute als Klassiker der Schweizer Designergeneration der Siebzigerjahre gelten und ihre Gültigkeit für die moderne Innenarchitektur bewahrt haben.

Die Schlafstörungen beginnen

Wotan freute sich beinahe bubenhaft darauf, seinen fünfzigsten Geburtstag gross zu feiern. Ein enger Freund anerbot sich das Fest zu organisieren. Der grosse Saal des Hotels National Bern wurde gemietet, zwei Orchester engagiert und viele Freunde, Bekannte und Kunden eingeladen. Wotan liebte alles, was mit Musik zu tun hatte. Seine Vorlieben galten zeitlebens dem Jazz, klassisch bis modern, Johann Sebastian Bach und der Oper. Zu seinem Geburtstag wünschte er den Auftritt einer klassischen Dixieland-Band, aber auch eine Gruppe, die modernen Jazz spielte, wurde engagiert. Wotan war, zur grossen Freude seiner dritten Frau, ein ausgezeichneter und unermüdlicher Tänzer. So kostete er an seinem Ehrentag die Spielfreude seiner Musikerfreunde voll aus und tanzte mit allen weiblichen Gästen, die nichts dagegen einzuwenden hatten, dass Wotan sie immer wieder auf das Parkett führte.

Das Buffet bestand hauptsächlich aus den Köstlichkeiten des Meeres. Wotan, als begeisterter Tiefseetaucher, liebte alles, was das Meer hergab. Ein damals bekannter Berner Traiteur hatte alle Herrlichkeiten auf das Feinste zubereitet. Für Gäste, die Meeresfrüchte und Fischgerichte nicht gerne assen, – die gab es zu Beginn der Siebzigerjahre häufig, – waren natürlich feine Fleischgerichte wunderbar angerichtet. In diesen Jahren wurde exzessiv gebechert und geraucht. Die Polizei kontrollierte heimkehrende Festbesucher selten.

Im Nachhinein muss man dankbar zur Kenntnis nehmen, dass nie etwas passierte.

In der Mitte des grossen Festsaals war durch Freunde Wotans eine riesige Sagextorte aufgebaut worden, welche die Gäste zu allerlei Spekulationen verführte, wie zum Beispiel, dass aus diesem Riesengebilde um Mitternacht halbnackte Girls stiegen, um die Anwesenden mit einem lasziven Tanz zu ergötzen. Niemand entstieg jedoch dieser Konstruktion. Das wäre auch schlecht realisierbar gewesen, hätten doch diese Nymphen stundenlang im Gehäuse ausharren müssen.

Es begann nach diesem »Mitte – des – Lebens«-geburtstag, dass Wotan öfters im engeren Freundeskreis erwähnte, dass er zunehmend unter Schlafstörungen leide. Eines Abends, Wotan war bei Freunden zu einem gemütlichen Essen eingeladen und klagte wieder einmal über seine Schlaflosigkeit, bemerkte ein Gast: »Wotan, du hast Glück. Soeben ist ein neues Medikament auf dem Markt erschienen. Die Wirkung ist offenbar bombenhaft, du wirst zukünftig wieder durchschlafen wie früher.« Das Präparat hiess Rohypnol und der Gast besass eine Apotheke. Fortan kam jeden Monat per Post ein kleines Paket mit der nötigen Ration dieses Schlafmittels. Und tatsächlich, Wotan schlief nach der ersten Einnahme, ohne ein einziges Mal aufzuwachen. Die nächtlichen Sorgen, das schlaflose Grübeln, die schlechten Träume, alles war mit einem Schlag vorbei.

Wie ein Stein fiel Wotan in einen tiefen traumlosen Schlaf. Er nahm die Tablette auf der Bettkante sitzend mit einem Schluck Wasser ein. Die Wirkung war zu Beginn so schnell, dass er nur noch ins Kissen sank und sofort einschlief.

Kein einziges Mal überwachte der Hausarzt, der Wotan und seine damals noch nicht auffallenden körperlichen Befindlichkeiten seit vielen Jahren kannte, diese Medikamenteneinnahme. Wusste er überhaupt davon?

Dass für Wotan das Aufstehen am nächsten Morgen immer schwieriger wurde, kümmerte ihn nicht besonders, er machte sich auch keine Gedanken darüber.

Erst später dann, als er die Nachtdosis erhöhen musste, kam er am Morgen tatsächlich nicht mehr hoch. Sein benebelter schwerer Kopf verlangte nach einem Aufputschpräparat, um überhaupt einigermassen wach und aufnahmefähig zu werden.

Aber vorerst waren die dunklen Nachtgespenster vertrieben und Wotan war zufrieden.

Langsam und schleichend, kaum merklich, begannen sich Wotans Charakter und seine Persönlichkeit zu verändern. Morgens nach dem Aufstehen war er unansprechbar, was bis zum Mittag dauern konnte. Er war nie ein Frühaufsteher gewesen, aber jetzt war seine Laune am Vormittag unerträglich.

Um den Frieden zu wahren, durfte man ihm nicht widersprechen und eigentlich auch nichts von ihm fordern. Am besten, man liess ihn seine Arbeit tun, seine Telefonate erledigen, ohne ihn dabei zu stören. Nach dem Mittagessen konnte er allerdings auch als Mitmensch wieder gefordert werden.

Wie viele Jahre es gedauert hat, bis Wotans Wesensveränderung so auffallend wurde, dass es eigentlich jeder, der mit ihm irgendwie zu tun hatte, hätte bemerken müssen, ist schwer zu sagen. Ob überhaupt irgendjemand in Wotans beruflichem und privatem Umfeld dieses langsamen schleichenden Zerfalls gewahr wurde, ist äusserst ungewiss, ja, eigentlich unwahrscheinlich. Die Familie konstatierte eine zunehmende Gehässigkeit und Launenhaftigkeit und eine irritierende Unberechenbarkeit. Für die Kinder zeigte Wotan kaum mehr Interesse, und mehr und mehr verlor er jede Geduld. Die Heranwachsenden begannen seine Gesellschaft zu meiden, sie hatten keine Lust auf nörglerische Auseinandersetzungen.

Erst viel später, als Wotan schon stark durch seine körperliche Krankheit gezeichnet war, wurde er milder und lud seine erwachsenen Kinder mit Stolz zu selbst zubereiteten Essen ein.

Dass sowohl die Kunden Wotans als auch seine Mitarbeiter seine doch dramatische Veränderung wahrnahmen, ist kaum anzunehmen. Er wurde als kreativer Künstler wahrgenommen. Er durfte kauzig, unmöglich, zänkisch, ungeduldig, ja sogar asozial sein.

Niemand nahm ihm das übel, denn er hatte bewundernswerte Pionierarbeit geleistet auf dem Gebiet der Innenarchitektur und Inneneinrichtung.

Der Anfang vom Ende

Wie weit Wotan selber seine inneren Veränderungen wahrnahm, wird wohl nie zu klären sein. Hätte er vermocht über seine Wahrnehmungen zu sprechen, sich gar jemandem anzuvertrauen, wären ihm vielleicht innere Zustände und unterschiedliche Befindlichkeiten aufgefallen. Aber Wotan konnte über sein Seelenleben nicht sprechen. Er leitete Sitzungen im Geschäft mit Kunden und Handwerkern mit unglaublicher Präzision, mit knappen wesentlichen Worten, Argumenten und Anweisungen. Er war geradezu brillant, wenn es um Koordination ging. Jedoch über seine innere Verfassung zu reden, sich jemandem zu offenbaren, das war ihm kaum möglich.

Ein grosser Teil seiner intellektuellen Fähigkeiten verschwand mit dieser Persönlichkeitsveränderung in einem Nebel. Durch die mittlerweile tägliche Einnahme von Aufputschmedikamenten frühmorgens blieb Wotan den ganzen Arbeitstag über in einer merkwürdigen, nicht ganz wachen Daseinswatte. Seine Fähigkeiten voll wahrzunehmen und Entscheidungen zu treffen, gerieten zunehmend ins Wanken. Er muss diese immer häufiger auftretende Entscheidungsunfähigkeit schliesslich doch bemerkt haben, denn immer häufiger suchte er die Meinung anderer Menschen und entschied dann nach deren Ratschlägen und Ansichten. Dass so befragte Mitmenschen diese Situation ausnützten, liegt im menschlichen Verhalten.

Für die Berner Mitarbeiter bedeutete die seltsame Veränderung Wotans eine einmalige Chance, ein gut eingeführtes, schweizweit bekanntes Unternehmen zu erwerben. Aber davon später. Es mussten noch einige schier unglaubliche Ereignisse eintreten, bis Wotan mehr als bereit war, alles an seine Angestellten zu verkaufen.

Wie bereits erwähnt, suchte er immer öfter Rat bei Freunden und Bekannten, allerdings auch bei Menschen, die ihn gar nichts angingen. Jeder gesunde Mensch weiss, dass Ratschläge manchmal gut und richtig sind, aber sie können auch falsch und nicht zielorientiert sein. Wie aber ist es zu erklären, dass Wotan in den folgenden Jahren so viele Fehlentscheidungen traf, dass sie mit gesundem Menschenverstand kaum mehr nachvollziehbar waren?

Bereits in jüngeren Jahren hatte Wotan immer wieder erklärt, dass er das angrenzende Nachbarhaus eines schönen Tages kaufen werde. Dieses Haus war und ist viel grösser, als das Geschäfts- und Wohnhaus Wotans. Es ist ebenfalls ein durchgehendes Haus bis in die etwas tiefer liegende Junkerngasse. Auch wurde bereits berichtet, dass das Geschäft viele Jahre im Erdgeschoss dieses Wunschobjektes einen Ausstellungsraum gemietet hatte, der mit dem Raum des eigenen Hauses daneben eine grössere und anschaulichere Fläche bot für die auszustellenden Einrichtungsgegenstände.

Dieses imposante Haus ist ausserdem ein Stockwerk höher als Wotans Elternhaus. Wie oft träumte er davon, dort ganz oben, auf der nach seinen klaren Vorstellungen ausgebauten Dachterrasse abends ein gutes Glas Wein zu trinken und dabei genüsslich auf den Berner Hausberg Gurten und ins angrenzende Gürbetal zu blicken.

Der Moment war nun gekommen. Das Traumobjekt wurde Wotan zum Kauf angeboten. Das Dumme war nur, er hatte überhaupt kein Geld. Wie schon erwähnt, Wotan war grosszügig, er lebte gerne üppig und Rücklagen waren seine Sache nicht. Es war jedoch in Bern die Zeit vor der grossen Rey-Affäre und die Banken vergaben grosszügig Kredite. Wer allerdings dieses Objekt der Begierde Wotans auf eine schier unglaubliche Summe hochtrieb, konnte niemand beantworten.

Hatte doch ein Verhandlungspartner bemerkt, dass Wotan nicht mehr urteilsfähig war, oder hatten die Verantwortlichen seine allgemeine Verunsicherung einfach nur befremdet festgestellt? Niemand wird das jetzt noch klären können. Das Haus wurde Wotan also für sagenhafte sechs Millionen Schweizer Franken angeboten. Die Verkäufer versicherten ihm, dass noch einige Interessenten beteiligt seien, er müsse sich so schnell wie möglich entscheiden.

Diesmal rieten ihm wirklich alle Eingeweihten davon ab. Dass das ein völlig überzogener Preis sei, war jedem vernünftig denkenden Menschen klar. Es war zwar ein wunderschönes grosses Altstadthaus, doch im Inneren von den Räumen bis zum Treppenhaus total renovationsbedürftig und marode. Aber Wotan wollte das nicht wahrhaben. Er tröstete sich damit, dass er dieses Wunschobjekt in kleinen überschaubaren Schritten renovieren und zu einer Kostbarkeit ausbauen könne.

Die dritte Ehefrau Wotans war nun doch mehr und mehr besorgt wegen Wotans Entschlossenheit, dieses Wunschobjekt käuflich zu erwerben. So nahm sie allen Mut zusammen und sprach ihren Ehemann während eines gemeinsamen Abendessen an: »Wotan, wir müssen reden. Mir bereitet es grosse Sorge zu sehen, dass dich der absurd hohe Preis für das angrenzende Nachbarhaus keineswegs abschreckt. Wenn du bedenkst, dass das sicher einmalige Objekt von Grund auf saniert und renoviert werden muss, liegt es doch auf der Hand, dass der geforderte Preis einfach überrissen ist. Siehst du das nicht auch so, wenn du darüber nachdenkst?« Ruhig und wohlüberlegt argumentierte die Frau, in der Hoffnung, Wotan zu erreichen.

Der früher sensible, reflektierte Mann übergoss jedoch seine Gattin mit einer übersprudelnden Schimpftirade: »Was fällt dir überhaupt ein, dich da einzumischen? Das ist allein meine Entscheidung. Deine Sorgen sind reine Wohlstandsprobleme. Dir geht es offenbar viel zu gut, dass du mit solch unausgereiften Argumenten daherkommst. Ich kaufe das Haus und werde es renovieren, das geht dich gar nichts an«, wetterte er, zog einen seiner herrlich weichen, von Marianne Milani massgeschneiderten Kaschmirkittel an und war durch die Haustüre verschwunden.

Der Ehefrau war es nicht mehr möglich, ihren Mann zu erreichen.

Und die Bank vergab den Kredit an Wotan, der also das Haus für sechs Millionen kaufte. Glücklich und ziemlich aus dem Häuschen feierte Wotan mit seinen Freunden die Erfüllung dieses Lebenstraums.

Das grosse Erwachen kam nur einige Wochen später. Das Haus musste grundsaniert werden, was tatsächlich Unsummen verschlingen sollte. Spätestens jetzt erwachte Wotan aus seinem seligen Glückstraum. Wie nur sollte er diesen umfangreichen Umbau finanzieren? Jetzt erst wurde ihm klar, was er sich mit diesem Hauskauf zugemutet hatte.

Umgehend suchte er einen solventen Käufer, der sich auch ziemlich rasch fand. Allerdings war von sechs Millionen Kaufpreis keine Rede mehr. Wotan musste seinen Traum mit enormem Verlust loswerden, was zur Folge hatte, dass die finanzielle Situation seiner verschiedenen Geschäfte in eine sofortige Schieflage geriet.

Die einen lachten über diese schier unglaubliche Geschichte, andere schüttelten mehr als ungläubig den Kopf, wieder andere distanzierten sich mit einigem Befremden von Wotan. Aber niemand, wirklich niemand stellte sich offenbar die Frage, ob mit Wotan selber, mit seiner Person, mit seiner Wesensstruktur etwas nicht mehr in Ordnung, ob hier eine dramatische Veränderung der Persönlichkeit im Gange war.

Wotan war nun durch den für ihn empfindlichen Geldverlust schon sehr verunsichert. Durch intensive aufwändige Arbeit war ein solches Manko nicht aufzuholen. Die Situation bedeutete eine grosse Chance für die Mitarbeiter, welche sich schon einige Zeit damit beschäftigt hatten, ob eine Geschäftsübernahme unter diesen dramatischen Umständen nicht in Reichweite sei. Wotan ging auf die Siebzig zu, und er fühlte sich müde und verbraucht. Die jahrelange Einnahme von starken Schlafmitteln, dann die daraus folgende Notwendigkeit, am Morgen Aufputschmittel zu schlucken, hatten nicht nur seine Persönlichkeit verändert, auch körperlich hatten ihm diese Medikamente mehr als geschadet und ihn frühzeitig altern lassen.

Unter diesen Umständen brauchte es nicht viel. Wotan war nur zu gerne bereit, sein Unternehmen abzugeben, und sich damit aller Sorgen und Schwierigkeiten zu entledigen. Der Verkauf an die Mitarbeiter war also perfekt. Wotan, seiner eigenartigen neuen Persönlichkeit gerecht werdend, informierte seine Nächsten, – die Familie und auch Freunde – erst, als schon alles unterzeichnet war.

Als Wotan noch im Besitz seiner geistigen und körperlichen Kräfte war, hatte er klare Vorstellungen davon gehabt, was mit seinem Werk dereinst geschehen sollte. In seiner dritten Ehe wuchsen seine zwei jüngsten Söhne heran. Wotan, ein schon etwas älterer Vater, wünschte sich, dass die beiden zu dieser Zeit noch nicht erwachsenen Kinder das Unternehmen einmal übernehmen sollten. Er liess durch einen Notar alles genau aufschreiben und seinen Willen beglaubigen. Der ältere Sohn, extrovertiert, auf alle Menschen zugehend, offen und vielseitig begabt, sollte der administrative Leiter werden. Dieser Junge konnte frei und ungezwungen auf Menschen zugehen, er war sehr wach und clever, dazu sportlich interessiert und auch praktisch, er hatte eine natürliche Neugierde für alles, was ihn umgab. Der jüngere Sohn war eher das Gegenteil, introvertiert, zurückhaltend, nicht unbedingt am Umgang mit Menschen interessiert, aber ein intelligenter Kopf mit einer ausgesprochenen Begabung für exaktes Zeichnen. Er war vom Vater für die Ausführung der Innenarchitekturpläne im Betrieb vorgesehen. Ohne zu zögern und freiwillig absolvierte dieser junge Mann eine Bauzeichnerlehre, welche er zur Freude seines Lehrmeisters und seiner Eltern mit Auszeichnung abschloss.

Hier wuchsen also zwei fähige junge Menschen heran, die durchaus das Rüstzeug mitgebracht hätten, um Wotans Werk in seinem Sinne weiterzuführen. Ausserdem verbrachten die zwei Jungen ihre Kindheit mit einer wenig älteren Schwester, der Tochter von Wotans dritter Ehefrau. Das kleine Mädchen war drei Jahre alt, als seine Mama in den Wotanschen Haushalt zog. Wotan liebte dieses kleine, kecke Ding vom ersten Zusammentreffen an. Und die nachfolgend geborenen Brüder bildeten eine verschworene und lustige Gemeinschaft mit ihrer Schwester, ja, Schwester, denn von Halbschwester wollten alle drei nie etwas wissen. »Nichts ist halb bei uns«, argumentierten sie gemeinsam, »wir sind einfach Geschwister.« Dieses Mädchen hätte ihre beiden Brüder im Erwachsenenalter perfekt ergänzen können. Die junge Frau, kaufmännisch ausgebildet und sprachbegabt, wäre eine Idealbesetzung gewesen für die administrative und organisatorische Mitarbeit, ebenfalls natürlich auch für französisch-deutsche Übersetzungen.

Zu gesunden Zeiten war Wotan ein besonnener, gradliniger, äusserst sensibler und vorausdenkender Vater und Mensch gewesen. Er hatte den Notar eine Klausel in seine Verfügung schreiben lassen, welche besagte, dass die beiden Söhne absolut frei entscheiden können sollten, ob sie das Unternehmen eines Tages übernehmen wollten oder nicht. Es war Wotan ein dringendes Anliegen gewesen, dass eine solche Geschäftsübernahme nur auf der freien Willensentscheidung der Söhne geschah.

Sollten die jungen Männer sich für eine andere Zukunft erwärmen, stünde dem Verkauf der Betriebe nichts mehr im Wege. Würden sich allerdings die beiden Brüder für die Weiterführung des aufgebauten Werkes begeistern, müsste eine Interimsgeschäftsführung sorgfältig gewählt werden, die bis zur definitiven Übernahme durch die Söhne tätig ist, weil die Burschen ja noch einige Zeit brauchen würden, um überhaupt erwachsen zu werden und auch um ihre Aus- und Weiterbildungen zu realisieren. Alles war wohl überlegt gewesen und bis ins Detail mit allen Eventualitäten durchdacht.

Schade nur, dass Wotan nichts mehr davon wusste, oder wissen wollte, als er kurzerhand sein Unternehmen in fremde Hände gab.

Das Fiasko in Lyon

Ein Jahr zuvor hatte Wotan noch ein weiteres Projekt realisiert. Schon seit längerer Zeit hatte er den grossen Wunsch in sich getragen, nach seinen verschiedenen Unternehmen in Schweizer Städten im nahen Ausland ein Geschäft zu eröffnen. Seine Wahl war auf Lyon in Frankreich gefallen, die wunderschöne Stadt an der Rhône, ungefähr in der Mitte zwischen Dijon und Marseille gelegen.

Einwände verschiedener Leute, auch die seiner Frau, dass der Wohngeschmack der Franzosen, Blumentapeten, schwere Lüster und mit Nippes dekorierte Räume, kaum vereinbar sei mit Wotans konsequentem modernen Stil, hatte er nicht hören wollen. »In Frankreich gibt es mehr an gutem modernen Design interessierte Menschen, als man denkt«, lautete sein Einwand.

Zwei Genfer Freunde nahmen sich Wotans grossem Wunsch an und nährten ihn mit Beharrlichkeit. Fortan verbrachten die drei Herren unzählige Wochenenden in Lyon. Nach solchen Ausflügen, die natürlich der Recherche für ein geeignetes Lokal dienten, fand Wotans Ehefrau regelmässig in seinen verführerisch weichen, massgefertigten Kaschmirkitteln Quittungen der teuersten Hotels, Restaurants und Nachtlokale von Lyon.

Natürlich lud Wotan seine Freunde grosszügig ein.

Seine Ehefrau spionierte ihrem Gatten keineswegs hinterher, jedoch entfernte sie regelmässig die verbliebenen Tabakreste aus seinen Kitteltaschen, wo sie dann alle diese Quittungen fand.

Eines Tages kehrte Wotan von so einer Rekognoszierungsreise überschäumend vor Freude zurück und verkündete, er würde ein grosses, gut gelegenes Lokal im Erdgeschoss eines Gebäudes in der Lyoner Altstadt kaufen. In Frankreich, wie übrigens auch in der welschen Schweiz, kauft man eine Lokalität und wird damit Teilbesitzer eines Hauses. Zur Miete wird kaum etwas angeboten.

»Wir bauen es zu einem Vorzeigeobjekt moderner Innenarchitektur aus. Der Grundriss des Ladens ist ideal, wir brauchen nur noch unsere Ideen umzusetzen«, schwärmte Wotan mit seinen Freunden. »Wir werden nur die edelsten, schönsten Materialien verarbeiten«, waren die Freunde sich einig. Alle drei schwelgten in Zukunftsplänen und ihr Projekt nahm so schnell Gestalt an, dass sie nicht mehr aufzuhalten waren.

Wieder versuchten Freunde und auch Fachleute, Wotan diese Idee auszureden oder sie wenigstens ernsthaft infrage zu stellen. Sie warnten ihn vor der Gefahr eines finanziellen Fiaskos.

Wotan, mit seiner enorm veränderten Wahrnehmung und einer mehr und mehr verworrenen Sichtweise, schlug alle Bedenken in den Wind. Er hörte nur noch auf seine Genfer Freunde, die ihn immer wieder zu begeistern und zu überzeugen wussten.

Aber auch er selbst wollte dieses Projekt verwirklichen, um jeden Preis.

Es waren schier unvorstellbare administrative und bürokratische Hürden in Frankreich für diesen Lokalkauf zu überwinden.

Alles Geschäftliche in unserem französisch sprechenden Nachbarland ist derart kompliziert, dass es nicht nur eine philosophische Geduld braucht, man muss auch zu einhundert Prozent davon überzeugt sein, das Richtige zu tun, sonst gibt man auf halbem Weg auf und distanziert sich von einem solchen Projekt.

Als der Kauf des Lokals in der Lyoner Altstadt nach Überwindung zahlreicher Hürden und Schwierigkeiten endlich unter Dach und Fach war, gingen die Männer mit schweizerischer Akribie an die Planung und Realisierung des Innenausbaus. Das zukünftige Geschäft befand sich im Rohzustand, sodass die drei Freunde ihre Wünsche und Vorstellungen den Innenausbau betreffend ohne Einschränkungen planen und realisieren konnten. Keine Rede von einem bescheidenen Beginn, kluger Beobachtung, wie der Laden läuft, und dann vielleicht einer feineren, eleganteren Inneneinrichtungs-Planung nach eventuell vielversprechenden Abschlüssen.

Mit grosser Eleganz sollte bereits die Geschäfteröffnung stattfinden, und alles, bis ins kleinste Detail nur vom Feinsten und Teuersten sein. Ein weisser Marmorboden wurde durchgehend verlegt.

Nach draussen bot eine vom Boden bis zur Decke reichende Glasfront einen freien, grossartigen Aus- und Einblick. Das Lokal bestand aus verschiedenen miteinander verbundenen Räumen, grosszügig bemessen, und die Ausstellungsfläche war ideal, um die formschönen Designermöbel, farblich abgestimmte Teppiche, passende Lampen und verschiedene Bilder und Kunstobjekte wirkungsvoll zu präsentieren.

Die Wände wurden weiss verputzt, damit die ausgestellten Bilder bestens zur Geltung kamen. Spiegelwände sorgten für grosszügige Perspektiven und für ein einmaliges luxuriöses Ambiente.

Dementsprechend zeigte sich das zahlreich erschienene Vernissagepublikum über so viel Perfektion und wunderbare Schönheit begeistert und voll des Lobes.

Wotans jüngstes »Kind« zeigte sich so strahlend, edel und perfekt, dass es nur tief beeindrucken konnte. Er selber war am glücklichsten darüber. Es berührte schon zu beobachten, wie sich Wotan, immerhin bereits im Rentenalter, über sein neuestes Werk überschwänglich freuen konnte!

Die ganze schier überdimensionale Herrlichkeit hatte nur einen unsichtbaren, aber folgenschweren Fehler. Erneut war Wotan derart verschuldet, dass ein Herauskommen aus diesem Defizit sehr viele Jahre

Arbeit in Anspruch nehmen würde. Und Wotan war bereits über 65 Jahre alt.

Die Kundschaft blieb nicht aus in Lyon, keineswegs. Es konnten schöne und prestigeträchtige Einrichtungsprojekte realisiert werden. Aber die Verschuldung war einfach zu gross.

Hätte er wie in guten Zeiten gehandelt, als er noch ganz er selbst war, selbstkritisch, sich nie überschätzend, wäre dieses Projekt in Lyon viel kleiner und bescheidener realisiert worden. Mit möglichst wenig finanziellem Aufwand hätte er das Geschäft eröffnet, um dann später mit steigenden Umsatzzahlen den Innenausbau zu verfeinern, mit seinen Lieblingsmaterialien zu spielen und nach und nach ein perfektes Inneneinrichtungshaus zu präsentieren. Als vorsichtiger und vorausdenkender Geschäftsmann hätte er niemals mit grossen Schulden sein Projekt verwirklicht.

Es kam dann wie es kommen musste: Das geliebte und so sehr gewünschte Geschäft blieb defizitär und musste im Jahr 1993 von den neuen Inhabern der Holding liquidiert werden.

Eine Familie am Ende

In was für einem dunklen Zustand sich Wotans Persönlichkeit befunden haben mag, als er ohne jede Vorankündigung das kleine Familienferienhaus am Neuenburgersee seiner Tochter aus zweiter Ehe verkaufte, wird wohl, wie auch anderes, nie eine Aufklärung finden. Es war wie ein Bombeneinschlag in der Familie. Die drei jüngsten Wotan-Kinder waren in diesem kleinen Haus in den Ferien und in der Freizeit gross geworden. Im angrenzenden See hatten sie schwimmen gelernt, begeisterten sich bald für den Segelsport und waren später als grössere Kinder akrobatisch unterwegs mit ihren Surfbrettern.

Diese Sportarten praktizieren die längst erwachsenen Kinder bis heute mit Leidenschaft. Das Haus war ein Begegnungsort für Freunde der Familie und natürlich für die Surf- und Segelkameraden der heranwachsenden Kinder. Bis zum heutigen Tag pflegen Wotans Sprösslinge mit damaligen Kameraden und Spielgefährten aus dem Feriendorfquartier Freundschaften. Wotan wusste das sehr wohl. Trotzdem nahm er ihnen ungerührt von einem Tag auf den anderen das Zuhause. Diesen teuflischen Plan durchzuführen wäre Wotan niemals fähig gewesen, hätte sich seine ganze Persönlichkeit nicht auf so dramatische Weise verändert. Er war tatsächlich ein völlig anderer Mensch geworden, der mit dem jüngeren Wotan nicht mehr zu vergleichen war.

Zu Hause ging zu dieser Zeit gar nichts mehr. Wotan war meistens abwesend, in Genf oder irgendwo im Ausland. Kam er unverhofft nach Hause, verliessen die jugendlichen Kinder fluchtartig die Wohnung. Die Lebenssituation war untragbar geworden.

Wotan merkte wohl, dass er nicht mehr fähig war, verantwortungsvolle und richtige Entscheidungen zu treffen. Diese immer stärker bemerkbare Schwäche, die zum grossen Teil seiner Tablettensucht zuzuschreiben war, hätte er jedoch vehement und voll Zorn verharmlost, wäre er darauf angesprochen worden.

Auch zu diesem Zeitpunkt war nicht klar, wie bewusst er die Veränderung seines Wesens selber wahrgenommen hat. Denn keiner sprach darüber und auch Wotan äusserte sich nie, weil seine Tablettensucht nicht existent war für ihn.

Seine dritte Ehefrau konnte ihn schon lange nicht mehr erreichen. Bereits seit längerer Zeit verunglimpfte und verhöhnte er sie vor Freunden, aber auch zu Hause.

Das Scheitern einer Ehe ist immer ein schmerzlicher Prozess. Jeder Partner kämpft sich durch tiefe Täler der Verzweiflung und der Trauer, bis feststeht, dass eine Ehe nicht mehr zu retten ist. Wotans damalige Frau versuchte noch, mithilfe einer therapeutischen Beratung das definitive Scheitern abzuwenden. Die Ratschläge jedoch entpuppten sich wahrhaftig als Schläge. »Sie haben einen wunderbaren Mann, der ein einmaliges Werk geschaffen hat, und Sie wissen das überhaupt nicht zu würdigen«, wetterte ein renommierter Berner Psychiater.

Ein anderer glaubte, schreien zu müssen: »Für wen halten sie sich eigentlich, dass Sie glauben, Sie allein könnten Ihre Ehe retten? Dazu braucht es zu gleichen Teilen eine Ehehälfte.«

Das war ja das Problem!

Wotan erklärte: »Wenn meine Frau einen Therapeuten braucht, bitteschön, ich spinne nicht, ich habe niemanden nötig.«

Doch unter keinen Umständen hätte Wotan in gesunden Tagen versucht, seine Ehefrau überall zu verunglimpfen. Damals war er stets diskret gewesen, hatte niemals private Probleme nach draussen getragen. Geprägt von seinem korrekten Vater hatte er ein feines Gespür für Fairness und einen differenzierten Gerechtigkeitssinn.

Dass er seine Ehefrau überall so schlecht machte, war unbedingt seinem veränderten Wesen zuzuschreiben.

Bis zu ihrem definitiven Wegzug aus Bern erlebte die Mutter seiner Kinder Seltsames bis Unerträgliches. Eingeladen wurde sie schon lange nicht mehr, die Menschen reagierten wie so oft. Der gesellschaftlich wichtigere Mensch wurde weiterhin berücksichtigt, den anderen liess die Gesellschaft ohne Bedauern fallen.

Viele grüssten Wotans Frau nicht mehr. Schlimm war jedoch, dass Freunde und Bekannte vor ihr auf den Boden spuckten, um ihre Verachtung auszudrücken. So hatte sie rasch nur einen Wunsch, nämlich so schnell wie möglich diese Stadt zu verlassen, was sie dann auch tat.

Es gab damals viele Menschen, die eine durch Medikamentenmissbrauch verursachte charakterliche Veränderung als dummes Hirngespinst belächelten. Ein Genfer Arzt jedoch bestätigte der dritten Ehefrau später, dass niemand in den Siebziger- und Achtzigerjahren erahnte, was die regelmässige Einnahme des Schlafmittels Rohypnol anrichten kann. Das Medikament sei schon seit längerer Zeit verboten. Gelegentlich werde es zur gezielten Verabreichung an psychisch kranke Menschen verschrieben.

Rückblickend scheint tatsächlich niemand in Wotans Umgebung die dramatische Veränderung seines Verhaltens und seines Charakters wahrgenommen zu haben. Zumindest hat nie jemand auch nur etwas angedeutet. Offensichtlich wollte einfach niemand etwas bemerken.

Wotan ist im Jahr 2000 siebenundsiebzigjährig an den Folgen einer Knochenkrebserkrankung gestorben. Eine Morphiumbehandlung zur Erleichterung der unerträglichen Schmerzen erleichterten seine letzten Wochen. Seine Existenz in einem diffusen Wattedasein, verursacht durch starke Schlaf- und Schmerzmittel, war bis zum Schluss merkbar und unübersehbar eingeschränkt.